Gudrun Hettinger

Kinderbunter Moosgummi-Schmuck

D1933418

frechverlag

Von Gudrun Hettinger sind im frechverlag viele weitere Titel erschienen. Beachten Sie besonders diesen Titel:

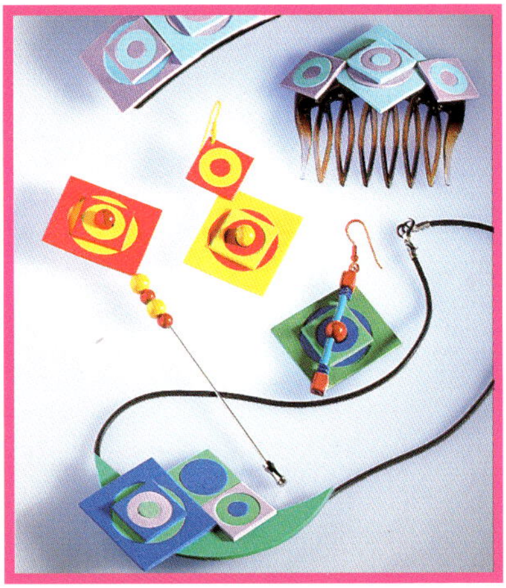

Individueller und preiswerter Mode-schmuck aus Moosgummi

TOPP 1799

Fotos: frechverlag GmbH + Co. Druck KG, 70499 Stuttgart;
Fotostudio Ullrich & Co., Renningen

Auflage: 5. 4.
Jahr: 1998 97 96
Letzte Zahlen maßgebend

frechverlag GmbH + Co. Druck KG, 70499 Stuttgart

ISBN 3-7724-1863-5· Best.-Nr. 1863
Druck: frechverlag GmbH + Co. Druck KG, 70499 Stuttgart

Hallo, liebe Moosgummifans groß und klein!

Es freut mich, daß dieses wunderbare, vielseitige Material immer mehr kreative Menschen begeistert und viele, wie auch mich, immer wieder zu neuen Taten anregt. Es ist ein ideales Material, besonders für Kinder. Dies brachte mich dann auch auf die Idee, mir mal ganz speziell was für die eitlen kleinen Mädchen einfallen zu lassen – aber die Jungs habe ich natürlich auch nicht vergessen.

Es sind alles sehr einfache Modelle, die Kinder mit ihren Eltern gemeinsam oder vielleicht auch alleine ohne große Mühe gestalten können.

Für den Anfang empfehle ich zuerst einmal ein paar Experimente mit fertigen Stanzteilen. So entstehen auf spielerische Weise sicher sehr viele einfallsreiche Schmuckstücke. Das Angebot an Fertigteilen ist zwischenzeitlich enorm groß und vielseitig, so daß bestimmt für jeden etwas dabei ist.

Lassen Sie sich und Ihre Kinder davon inspirieren. Ob fertige Teile, Motive nach dem Vorlagenbogen oder auch eigene Entwürfe – es ist letztlich nicht wichtig, Hauptsache ist, daß Sie jede Menge gemeinsamen Spaß mit Ihren Kindern bei Ihren Moosgummi-Schmuck-Kreationen haben.

Vielleicht können Sie damit auch mal einen verregneten Tag retten, oder ein Kindergeburtstag wird zu einem besonderen Erlebnis.

Viel Freude, viel Spaß und außerdem noch viel Erfolg mit Moosgummi wünscht Ihnen und Ihren Kindern

Ihre

Zum guten Gelingen benötigt man:

- Moosgummi in verschiedenen Farben und Stärken
- Verschiedene Moosgummi-Stanzteile
- Moosgummirädchen, -walzen, -kugeln

Schmuckzubehör:

- Lederbänder
- Kordeln oder Textilbänder
- Haarspangen
- Kämmchen, Haarreifen
- Ohrfedern, Ösen
- Kettelstifte
- Creolen
- Holzperlen
- Gürtelverschlüsse
- Hosenträger-Clipse
- Klettverschluß-Bänder

Werkzeug:

- Schere, Nagel- und Zackenschere
- Cuttermesser oder Skalpell
- Lochzange
- Kreisschneider
- Schneideunterlage (Cutplatte bzw. fester Karton)
- Metall- oder Holzlineal mit Metallkante
- Bleistift oder Zauberstift (z.B. Phantom- oder Strich-Ex-Stift)

Sonstige Hilfsmittel:

- Klebstoffe: Uhu-Por, Sekunden- oder Heißkleber
- Transparentpapier
- Dünner Karton (Tonkarton)
- Wasserfeste Filzstifte
- Decorlack-Liner oder COLORPOINT-Stickmalfarbe

Wissenswertes

Moosgummi wird, auch unter dem Namen CREASOFT und CREPLA, in vielen Farbtönen und Stärken angeboten.
Für Kinderschmuck genügen kleine Platten (20 cm x 30 cm), meistens in der Stärke von 2 mm.
Moosgummi ist farbecht, lichtbeständig und wasserfest.
Es ist auch unbedenklich für Kleinkinder (E.V.A. Schaum) und ist mit dem CE-Zeichen versehen.
Es gibt zwischenzeitlich sehr viele fertige Stanzteile. Sie eignen sich besonders gut für die Schmuckgestaltung, da besonders kleine Teile immer etwas mehr Schwierigkeiten beim Ausschneiden bereiten.

Und so einfach ist die Gestaltung:

- Schablone herstellen
- Übertragen des Motivs auf Moosgummi
- Ausschneiden
- Anordnen und zusammenkleben
- Farbliche und sonstige Ergänzungen

Zur **Herstellung der Schablonen** pausen Sie die Vorlage mit einem Stück Transparentpapier durch. Wenn Sie das gepauste Teil auf einen dünnen Karton aufkleben und dann ausschneiden, erhalten Sie eine stabile Schablone, die Sie mehrmals verwenden können.
Danach wird das **Motiv auf Moosgummi** übertragen:
Umranden Sie die Schablone mit einem weichen Bleistift oder Zauberstift.
Bei letzterem verschwinden die Konturen nach einigen Tagen von selbst; sie können aber auch mit einem leicht feuchten Tuch abgewischt werden.
Zum Ausschneiden ist eine gutschneidende, spitze Schere erforderlich. Gerade Linien und feine Ecken schneiden Sie am besten mit einem Cuttermesser oder Skalpell. Stumpfe Klingen müssen rechtzeitig ausgetauscht werden, nur so erzielen Sie glatte Kanten.
Wichtig ist auch die richtige **Schneideunterlage.** Am besten eignet sich eine Cut-Unterlage (im Hobby- oder Zeichenbedarf) oder ein fester Karton, der jedoch öfters ausgetauscht werden muß.

Weitere wichtige Hilfen sind **Kreisschneider, Lochzange** und **Zackenschere.**

Anordnen und Kleben:

Besonders gute Verklebungen erzielen Sie mit UHU-Kraft oder UHU-Por im Kontaktklebeverfahren, d.h. beide zu verklebenden Stellen sparsam mit Kleber bestreichen und nach ca. 5 Minuten fest zusammendrücken.
Schnelle und stabile Verklebungen erhalten Sie mit Sekunden- oder Heißkleber.

Sekunden- oder Heißkleber dürfen jedoch auf keinen Fall in Kinderhände gelangen!

Farbliche Ergänzungen

Moosgummi läßt sich mit vielerlei Farben bemalen, z.B. mit wasserfesten Filzstiften, Decor-Lack-Liner, Stickmalfarbe COLORPOINT und sonstigen Hobbyfarben.

Wichtige Tips

Für die Befestigung des **Ohrhakens** wird mit der Lochzange das kleinstmögliche Loch ausgestanzt.
Für den **Lederriemenverschluß** wird auf einer Seite ein Motiv zum Einhängen aufgeklebt, oder das Motiv wird mit einem Loch versehen, wo dann der Lederriemen festgeknotet wird – an dem anderen Ende wird eine Schlaufe geknüpft.
Stanzteile, die für die abgebildeten Schmuckstücke verwendet wurden, sind, wenn sie nicht zu schwierig zum Nacharbeiten sind, auf dem Vorlagenbogen aufgezeichnet. Teilweise wurden auch nur die Umrisse ohne die

feinen Ausstanzungen berücksichtigt.

Die **filigranen Ausstanzungen** können farblich gegenseitig ausgetauscht werden. So erzielen Sie nochmals zusätzlich witzige Effekte.

Moosgummischeiben zum Aufreihen, z.B. auf ein Lederband, erhalten in der Mitte ein Loch mit Hilfe der Lochzange.

Sie können anstelle der **breiten Kunststoffhaarspange** auch eine einfache Haarspange verwenden, wenn Sie darauf eine Moosgummiplatte in der Größe von 9 cm x 3,5 cm kleben.

Die **Klettverschlußbänder** bestehen immer aus zwei aufeinanderhaftenden Streifen.
Sie erhalten diese bei Kurzwaren in verschiedenen Farben und Breiten. Ich habe grundsätzlich 2 cm breites Band verwendet.

Lederbänder legen sich besser an, wenn sie zwischen zwei Motive geklebt werden.
Hinterlegen Sie grundsätzlich Teile, die an ein Lederband geklebt werden, mit einem kleinen Moosgummistückchen oder -punkt. Der Lederriemen hat wenig Klebefläche und bietet sonst keinen guten Halt.

Gürtel und Hosenträger
Da die größten Platten eine Länge von 60 cm haben, müssen längere Teile überlappend zusammengeklebt werden.
Es sieht sehr pfiffig aus, wenn Sie zwei verschiedene Farben verwenden.

Schmetterling – komm laß´ dich nieder!

Material:
Moosgummi 2 mm: sämtliche Teile
Stanzteile: Blumen,Schmetterlinge
Broschennadel, Haarspange (8 cm)
Kamm, Ohrhaken, Ösen
Lederbänder: 1 mm Ø

Kette:
Für den großen Schmetterling wird in gleicher Größe eine Grundplatte in Violett und für das Körperteil zusätzlich ein Oval zugeschnitten (ebenso für den **Kamm**).
Der Schmetterling erhält beim Festkleben eine kleine Verstärkung auf der Rückseite. Das Lederband wird zwischen die Blumen geklebt.

Haarspange:
Auf der Grundplatte (8,5 cm x 1,5 cm) werden die aufeinandergeklebten Blumen angeordnet.

Brosche:
(Grundplatte 5,5 cm x 1 cm)
Für den Schmetterling wird ein kurzes Lederband (8,5 cm) zwischen Blume und Platte festgeklebt.

Ohrhänger: Hier werden Blüten mit Ösen verbunden oder auch nur ganz einfach für die Aufhängung gelocht.

Ein bunter Blütenreigen

Abbildung Seite 1

Sämtliche Schmuckstücke sind sehr einfach herzustellen, denn außer den Grundplatten benötigen Sie nur fertige Stanzmotive.

Material:
Moosgummi 2 mm:
Grundplatten, Armband
Stanzteile: Blütenmischung mit Blättern und Blattrosetten
Haarreif, Kamm, Haarspange (8,4 cm)
Bunte Ohrfedern

Für die **Haarspangen** rechteckige Grundplatten (8,5 cm x 1,5 cm und 4 cm x 1 cm) zuschneiden und aufkleben. Mit Blattrosetten, Blättern und Blüten verzieren. Auf die Blüten müssen noch die der Packung beigelegten Punkte geklebt werden.

Der **Kamm** wie der **Ohrhänger** werden ebenfalls mit Blüten auf Blattrosetten dekoriert. Für den anderen **Ohrhänger** werden drei Blüten zusammengeklebt.

Auf dem **Haarreif** werden die Motive bunt gemischt angeordnet. Blattrosetten und Blätter bilden die Grundlage.
Das **Armband** entsteht aus zwei aufeinandergeklebten Streifen (Schnitt Nr. 5), der Verschluß aus zwei kleinen Stückchen Klettband.

Lauter herzige Bärchen

Material:
Moosgummi 2 mm:
Stanzpunkte für Schnäuzchen
Stanzteile: Herzen und Bären
Wackelaugen: 5 mm und 7 mm Ø
Kamm, Haarspange (8 cm)
Ohrhaken, Ohrclip, Ösen
Lederbänder: 1 mm Ø
Holzperlen

Kette: Auf das Bärchen Herzen, Schnäuzchen und Wackelaugen kleben. Die Ohren erhalten zur Befestigung Löcher (Lochzange).
Die Herzen kennzeichnen und ebenfalls Löcher ausstanzen.
Nun wird zusammen mit bunten Holzperlen aufgefädelt. Hinter das aufgefädelte Herzchen wird ein weiteres gleichgroßes geklebt.

Auf dem **Kamm** drei große und zwei kleinere Herzchen anordnen.

Haarspange: Drei große und zwei kleine Herzen sowie einen kleinen und einen größeren Bär plazieren. Der große Bär schaukelt an einem Lederriemenstück (ca. 9 cm), das unter dem mittleren Herz festgeklebt wird.

Ohrhänger: Auf einer Seite trägt man ein Bärchen, auf der anderen die Herzchen. Für den langen Ohrhänger zwei dreifache Herzchen mit einer Öse verbinden. Das Bärchen kann auch auf einem Ohrclip befestigt werden.

Der Mond hält seine Wacht

Material:
Moosgummi 2 mm: sämtliche Teile
Stanzteile: Sterne
Ohrhaken, Creole
Haarreif
Lederbänder: 1 mm Ø
Wackelaugen: 5 mm und 7 mm Ø

Kette:
Den Mond doppelt ausschneiden, Bäckchen und Wackelaugen aufkleben. Zwischen beide Teile wird das Lederband geklebt. Die Sternchen werden gelocht und aufgefädelt, dahinter wird jeweils versetzt ein zweites Sternchen geklebt.

Haarspange und Kamm entstehen aus zwei rechteckigen Grundplatten (9 cm x 1,5 cm und 5,5 cm x 1,5 cm).

Für eine **weitere Haarspange** sowie die **Brosche** werden die Sterne bzw. der Mond auf einer Wolke plaziert.
An der Brosche wird der Mond mit einem ca. 11 cm langen Lederriemen befestigt.

Ohrhänger:
Mal Sternchen, mal Mond. Die Sternchen werden mit Ösen verbunden. Die Creole entsteht aus gelochten und aufgereihten Sternchen.
Auf dem **Haarreif** werden kunterbunt Sterne angeordnet.

Haare hübsch gebändigt!

(Abb. Seite 12/13)

Viele einfache, aber doch pfiffige Haar- und Zopfspangen.
Alle Modelle wurden mit fertigen Stanzteilen gefertigt.

Material:
Moosgummi 2 mm: Grundplatten
Diverse Stanzteile
Haarspangen (8 cm)
Wackelaugen 3 mm Ø
Bunte Ohrfedern

Zuerst die Grundplatten ausschneiden und fertige Stanzteile aufkleben.

Schildkröte, Entchen, Bären, Frösche werden auf rechteckigen Grundplatten (9 cm x 2 cm) angeordnet.

Auf Streifen von 8 cm x 1,5 cm finden die **Häschen** ihren Platz.

Aus zwei aufeinandergeklebten Streifen von 9 cm x 2 cm und 9 cm x 1,5 cm entsteht die Grundplatte für die **Luftballons**.
Hier dürfen auf keinen Fall die lustigen Wackelaugen fehlen.
Die **Gänschen** finden auf einem Grasteil (Schnitt Nr. 3) ein gemütliches Plätzchen.

Witzige Haar- und Zopfspangen

Etwas aufwendigere Spangen – aber die Arbeit ist zu bewältigen.

Material:
Moosgummi 2 mm: sämtliche Teile
Moosgummi-Kugel: 20 mm Ø (Raupe)
Wackelaugen: 3 mm , 5 mm und 14 mm Ø
Haarspange (8 cm)
Kunststoffhaarspangen
Ohrfedern
Moosgummischnur: 1 mm Ø
COLORPOINT-Stickmalfarbe

Ente: Befestigen Sie zuerst die beiden Moosgummischnüre mit den festgeklebten Füßen auf der Haarspange. Die Fußteile halten besser, wenn sie auf der Sohle mit einem kleinen Moosgummi-Punkt fixiert werden. Nun folgen die beiden Flügel, darauf der Kopf, der Schnabel und die Wackelaugen.

Rabe: Die Füße werden wie bei der Ente gefertigt. Der Schnabel wird kantig an das Kopf- und Körperteil angeklebt. Wackelaugen nicht vergessen.

Für **das Mäuschen** eine kleine Tüte aufdrehen und zwei Scheiben für Ohren und Wackelaugen sowie Schnäuzchen und Moosgummischwänzchen aufkleben.

Auf einer breiten Haarspange wird eine Käsescheibe und dann darauf das Mäuschen befestigt.

Die **Raupe** entsteht aus einem Rechteck von 10 cm x 4,5 cm, das zu einer Rolle aufgedreht wird.
Nun folgt der Kopf (Moosgummikugel) mit Wackelaugen. Der Körper wird dann mit dem gezackten Unterteil verbunden. Zur Verzierung werden ca. 16 Punkte aufgeklebt. Dann kann die Raupe auf der schwarzen Spange Platz nehmen.

Fische: Die ausgeschnittenen Formen werden mit Farben verziert.

Jumbo und Nili

(Abb. Seite 16/17)

Material:
Moosgummi 3 mm: Blätter
2 mm: sonstige Teile
Wackelaugen: 3 mm, 5 mm und 7 mm Ø
Lederbänder: 1 mm Ø
Bunte Kunststoff-Stifte
Holzperlen (0,8 cm und 0,6 cm)
Ohrfedern, Creole
Haarspange (8 cm)
Broschennadel
Klettband (Armband)
COLORPOINT-Stickmalfarbe (Fußnägel)

Beschreibung Seite 18

So gelingt es bestimmt:

Jumbo: Auf den Körper wird der Kopf und daran kantig das Innenohr geklebt. Wackelaugen anordnen und die typischen Elefantenfußnägel aufmalen.

Für die **Kette** im Wechsel Moosgummischeiben (1,4 cm Ø) und Kunststoffröhrchen aufreihen. Das Lederband wird zwischen dem Körperteil und dem aufgesetzten Kopf fixiert. Die Grundplatten für **Brosche** und **Haarspange** werden mit großen Blättern gestaltet. Darauf nehmen unsere Elefanten Platz.

Das Armband (Schnitt Nr. 5) entsteht aus einem grünen und einem rosafarbenen Streifen. Kleben Sie zwei Klettverschlußteilchen an.

Ohrhänger: Zwischen Körperteil und Kopf wird als Aufhängung ein gekürzter Kettelstift festgeklebt.

Nilpferd: Das Maulteil mit Punkten als Nasenlöcher und Wackelaugen wird auf dem Kopf angeordnet und am Körper befestigt.

Kette: Auch hier wird das Lederband wieder zwischen Kopf und Körper geklebt. Dann werden Holzperlen und jeweils 3 Moosgummischeiben (1 cm Ø) aufgereiht.

Für die Brosche kleben Sie hinter das Nilpferd eine Broschennadel.

Der **Ohrhänger** wird noch mit einem Loch und Haken versehen.

Ein weiterer Ohrschmuck entsteht aus einer **Creole**, auf die dieselben Elemente wie auf die Kette aufgereiht werden.

Haarspange: Auf der Grundplatte (Schnitt Nr. 2) wird Nili mit bunten Stanzpunkten aufgeklebt.

Wie ist denn wohl dein Name?

Material:
Moosgummi 2 mm: sämtliche Teile
Diverse Stanzteile
Haarspange (8 cm)
Kunststoffhaarspange, Kamm
Lederbänder: 1 mm Ø

Ketten: Kleben Sie zuerst die Grundelemente so zusammen, daß die Buchstaben später gut plaziert werden können. Verwenden Sie wenig Klebstoff! Befestigen Sie zum besseren Halt kleine Moosgummiteile hinter dem Lederband und dem Grundelement.

Haarspange: Kleben Sie die Buchstaben vorsichtig auf die Kunststoffhaarspange. Die zweite Haarspange entsteht mit einer Moosgummigrundplatte (Schnitt Nr. 1).

Auf den **Haarkamm** werden zuerst die Blattrosetten und dann die Buchstaben geklebt.
Für den Haarreifen wird ein Streifen von 33 cm x 1,5 cm zugeschnitten. Die Enden erhalten eine Spitze. Buchstaben gleichmäßig verteilen und je links und rechts mit einem Blümchen verzieren.

BABS
VANESSA
MONI
IRIS
INKA
NIKI
DORO
TINA
LISA
EVI

„Sei kein Frosch“

Material:
Moosgummi 2 mm:
sämtliche Teile
Stanzteile:
Blütenmischung
mit Blattrosetten
Wackelaugen:
5 mm und 7 mm Ø
Lederband: 1 mm Ø
Kunststoffhaarspange
Bunte Ohrfedern
Öse
Klettband (Armband)

Frösche: Auf dem Kopf werden die Wackelaugen befestigt. Von hinten bringen Sie ein rotes Maulteil an (gestrichelte Linie), das durch einen Ausschnitt auf der Vorderseite sichtbar wird. Nun wird der Kopf auf dem Körper fixiert. Die stehenden Frösche erhalten noch ein gelbes Bäuchlein.

Kette: Mit einer Öse wird der Frosch am Lederband befestigt. Dieses wird zwischen Blattrosetten und Blüten geklebt.

Haarspange: Ein sitzender Frosch wird zusammen mit zwei Blümchen auf einer roten Kunststoffhaarspange angeordnet.

Das **Armband** wird nach Schnitt Nr. 5 in Grün und Gelb zugeschnitten.
Bei den **Ohrhängern** wird der Ohrhaken mal direkt, mal an einer Öse vom Kettelstift befestigt.

Der Löwe ist los!

(Abb. Seite 22)

Material:
Moosgummi 2 mm: sämtliche Teile
Moosgummirädchen und
-walzen: 15 mm Ø
Wackelaugen:
3 mm, 5 mm und 7 mm Ø
Lederband: 1 mm Ø, Ohrfeder
Holzperlen 6 mm und 15 mm Ø
Kunststoffhaarspange

Löwe: Auf die Mähne das Gesichtsteil, darauf das Schnauzenteil und die Wackelaugen kleben. Der fertige Kopf wird auf dem Körper plaziert. Den Schwanz befestigen.

Kette: Zwei Walzenteile, dazwischen eine Holzkugel, werden so auf das doppelte Lederband aufgereiht, daß eine Schlaufe zur Befestigung des Löwen stehen bleibt. Die Bänder teilen sich dann und werden im Wechsel mit einer kleineren Holzperle und Moosgummi-Rädchen bestückt. Ein Walzenteil dient als Verschluß.
Die Haarspange entsteht aus einem Grasstreifen (Schnitt Nr. 4). Darauf wird der Löwe befestigt.

Ohrhänger: Der Ohrhaken wird in ein kleines Loch eingehängt.

Ein bärenstarker Schmuck!

(Abb. Seite 23)

Material:

Moosgummi 2 mm:
sämtliche Teile
Stanzteile:
Scheiben und Punkte
Moosgummi-Walzen: 15 mm Ø
Wackelaugen:
3 mm, 5 mm und 7 mm Ø
Holzperlen: 6 mm, 15 mm Ø
Lederband: 1 mm Ø
Haarspange (8 cm)
Broschennadel, Ohrfeder, Kettelstift
COLORPOINT-Stickmalfarbe

Bären: Auf dem Bärenkörper wird der Kopf mit Schnäuzchen und Wackelaugen plaziert. Jetzt wird den Bären ein Hemdchen angezogen, das noch bemalt wird.

Die **Kette** entsteht ähnlich wie die Löwenkette auf Seite 22. Hier werden auf dem geteilten Band im Wechsel Holzperlen und aufeinandergeklebte Moosgummi-Scheiben flach angeordnet. Das Lederband wird zwischen der großen und der mittleren Scheibe fixiert.

Beim **Ohrhänger** wurde ein Kettelstift dazwischengeklebt.

Haarspange: Kleben Sie verschieden große Moosgummi-Scheiben etwas versetzt übereinander auf die Grundplatte (Schnitt Nr. 2). Der Bär schaukelt an einem ca. 13 cm langen Lederband, das zwischen den Scheiben-Elementen und der Grundplatte befestigt wird.

Brosche: Hier hält sich der Bär an einem großen Ballon mit verschiedengroßen aufeinandergeklebten Scheiben fest. Der Lederriemen (ca. 10 cm) wird zwischen den untersten beiden Platten fixiert.

Accessoires dürfen nicht fehlen!

Anfertigung der Taschen

Zuerst werden Taschenteil 1 (Strich-Punkt-Linie) und 2 (gestrichelte Linie) am Rand gut zusammengeklebt. Bei der **Bärentasche** wird der Kopf fast ganz auf das vorgesehene Teil 1 geklebt (siehe gepunktete Linie). Beim Umschlagen stehen die Ohren und etwas vom Kopf über die Tasche hinaus.

Für den **Affenkopf** ist das Verbindungsstück auf Teil 1 nur ca. 3 cm lang. Hier stehen ein kleiner Teil der Ohren und der obere Kopfbereich über.

Die **Pfoten bzw. Arme** werden auf dem Taschenteil 2 angeordnet.

Der **Klettverschluß** wird gemäß Zeichnung sehr gut festgeklebt.

Für die **Gürteltasche** wird ein Streifen (siehe Zeichnung) am oberen und unteren Rand auf der Rückseite der Tasche festgeklebt.

Wenn Sie links und rechts in die Tasche eine Kordel kleben, haben Sie eine **Umhängetasche**.

Vielseitige Gürtel- oder Umhängetaschen

Bär:
Auf den Kopf werden Wackelaugen, Ohren und Schnauzenteil geklebt. Die Zunge ragt aus einem kleinen Einschnitt heraus. Nun müssen noch zwei Pfoten zugeschnitten werden.

Material:
Moosgummi 2 mm:
sämtliche Teile
Wackelaugen:
14 mm Ø
Klettverschluß
(je 2 Streifen
7 cm x 2 cm)

Affe:
Das Gesichtsteil mit Bäckchen, die Ohren und die Wackelaugen werden auf dem Kopf angeordnet. Bereiten Sie noch die beiden Arme vor.

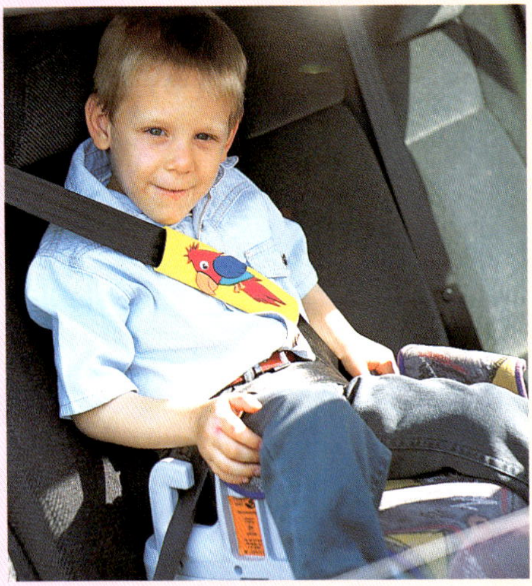

Sei doch kein „Gurtmuffel“!

Mit diesen Gurtpolstern macht das Angurten sogar Spaß!

Material:
Moosgummi 2 mm: sämtliche Teile
Stanzteile: Blütenmischung mit Blättern
Wackelaugen: 7 mm und 10 mm Ø
Klettverschluß

In der Länge können Sie die Gurtpolster beliebig je nach Motivgröße gestalten, jedoch ist die genaue Breite für die Paßform sehr wichtig.
Das Polster sollte satt auf dem Gurt aufsitzen und nicht verrutschen. Je ein Streifen Klettverschluß wird auf einer Seite oben und auf der anderen Seite unten sehr gut festgeklebt.
Die abgebildeten Polster entstehen aus Rechtecken in folgenden Größen:

13 cm x 16 cm (Junge und Mädchen, Hase, Blüten)
13 cm x 18 cm (Papagei)
13 cm x 11 cm (Bär)

Wichtig ist, daß alle Teile gut festgeklebt werden, da sonst Ihr Sprößling vielleicht auf einer langweiligen Autofahrt die Figuren in Ihre Einzelteile zerlegt.

Blütenpolster: Es besteht aus fertigen Stanzteilen.

Bärenpolster: Siehe Beschreibung „Bärenstarker Schmuck“, Seite 24. Hier wird noch eine Blume auf das Hemdchen geklebt.

Mädchen und Junge: Auf Hose bzw. Beine werden Jacke oder Kleidchen geklebt, darauf die Arme mit Blumenstrauß. Nun folgt der Kopf mit aufgeklebten Haaren und Mütze.
Die Schuhe werden beim Mädchen aufgeklebt, beim Jungen hinter der Hose befestigt. Die Blumen sind Punkte.

Hase: Auf den Körper wird das Hemdchen geklebt. Darauf den Kopf mit Schnauzenteil (Mundteil wird unter die Schnauze geklebt) und die Wackelaugen befestigen.

Papagei: Auf dem Schwanz wird der Körper, darauf Flügel und Kopf befestigt. Der Schnabel wird kantig angeklebt.

Gürtel mit „Western-krawatten“

Material:

Moosgummi 3 mm (große Platte 60 cm x 40 cm): Gürtel
2 mm: restliche Teile
Stanzteile: Fahrzeuge (nicht auf dem Vorlagenbogen)
Wackelaugen: 3 mm und 5 mm Ø (Marienkäfer)
Gürtelverschluß
Holz- oder Moosgummikugeln (15 bzw. 20 mm Ø)
Ohrfeder, Haarspange (5 cm)
Kordel oder Textilband: ca. 90 cm

Gürtel: Schneiden Sie von der 60 cm langen Platte einen 2,5 cm breiten Streifen ab. Schlagen Sie das Gürtelende ca. 3 cm für die Verklebung des Gürtelteils um. Stanzen Sie mit der Lochzange am anderen Ende die notwendigen Löcher ein. Die Ecken des Gürtels werden leicht abgeschrägt. Für den Gürtel mit den Marienkäfern wurde noch eine Schlaufe mit festgeklebt (0,7 cm x 7 cm). Jetzt können Sie entweder die Fertigmotive oder die selbstgestalteten Marienkäfer aufkleben.

Marienkäfer: Auf das schwarze Körperteil werden die gelochten Flügelchen (Lochzange) und Wackelaugen geklebt. Die Fühler entstehen aus kurzen Moosgummi-Schnurstückchen oder aus feinen Moosgummistreifen. Der fertige Käfer wird dann auf eine Blattrosette geklebt.

„Westernkrawatte“

Auf eine Moosgummi-Scheibe mit 6,5 cm Ø wird der Laster (Stanzteil) aufgeklebt.
Der Marienkäfer ist auf einer großen Blattrosette angeordnet.
Auf der Rückseite wird ein ca. 1,5 cm breiter Streifen links und rechts sowie knapp in der Mitte festgeklebt. Es entstehen zwei Schlaufen. Durch diese werden dann die beiden Kordelteile durchgeführt. Den Abschluß der Kordelenden bilden entweder Holz- oder Moosgummikugeln.
Bei den Holzkugeln sollten Sie darauf achten, daß sie eine große Bohrung haben, bei den Moosgummikugeln wird ein Loch eingeschnitten.

Tip: Wenn Sie die Bandenden mit etwas Klebstoff versehen, springen sie nicht so leicht auf.

Eine weitere Ergänzung sind Ohrhänger und Haarspange mit Marienkäferchen.

Neu gibt es jetzt im Handel auch bunt gestreifte Moosgummi-Bänder, 1 m lang und 2 cm breit. Diese eignen sich sehr gut für Hosenträger und Gürtel.

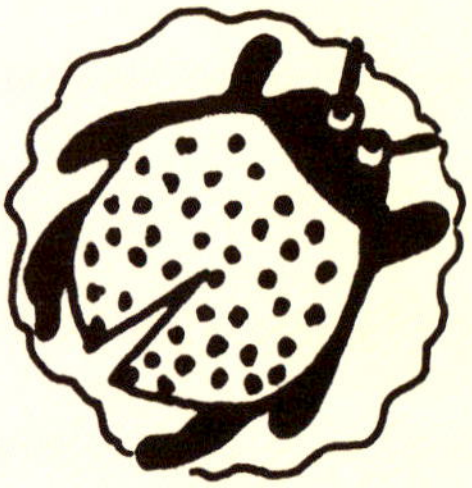

Clowns,
Clowns,
Clowns

Material:
Moosgummi 3 mm (große Platte 60 cm x 40 cm): Gürtel und Hosenträger
2 mm: restliche Teile
Wackelaugen: 7 mm Ø
Gürtelschließe (Klappverschluß)
Hosenträgerclipse
Kordel bzw. Textilband: ca. 90 cm
Holz- oder Moosgummikugeln
COLORPOINT-Stickmalfarben

Clowns: Auf den Kopf werden Mund-Augenteile sowie die Nase geklebt. Dann folgen Haare und Hut, mit Ausnahme des Clowns mit der lilafarbenen Schleife. Hier werden die Haare hinter dem Kopf plaziert. Die Schleifen werden knapp unter dem Kinn angebracht. Bei dem Gürtelmotiv und der Westernkrawatte werden die Köpfe auf die Krägen geklebt.

Herstellung **Gürtel und Westernkrawatte** siehe Beschreibung Seite 29. Bei diesem Gürtel habe ich einen Klappverschluß verwendet. Der Clown kann hier sehr gut aufgeklebt werden. Der Gürtel wird noch mit Moosgummischeiben geschmückt.

Hosenträger: Schneiden Sie zwei Streifen von ca. 60 cm x 2 cm zu (genau anpassen). Für die Befestigung der Clipteile werden die Enden ca. 1,5 cm umgeschlagen. Die Verbindung beider Hosenträger auf dem Rücken erfolgt durch Aufkleben einer Moosgummischleife.

Lauter kesse, freche „Piepmätze“

(Abb. Seite 32)

Verzieren Sie doch mal fertige Hosenträger mit lustigen Motiven.

Material:

Moosgummi 2 mm: sämtliche Teile
Stanzteile: Herzchen, Blüten mit Blattrosetten
Moosgummikugel: 20 mm Ø
Wackelaugen: 7 mm und 10 mm Ø
Kordel oder Textilband: ca. 90 cm

Schnäbel und Wackelaugen werden auf die Köpfe geklebt – noch ein paar ergänzende Striche mit dem Filzstift, und schon sind diese Vögel fertig. Ergänzen Sie die Hosenträger noch mit den Füßen, Herzchen und Blumen.

Für die **„Westernkrawatte“** wird zusätzlich ein Körperteil zugeschnitten. Plazieren Sie den Kopf darauf. Die Füße werden dahinter geklebt. Auf der Rückseite wird eine Lasche für die Kordeln angebracht (siehe Seite 29).